佐藤康行 一言集

このワンフレーズがあなたの運命を変える

1

本当の自分・心 編

佐藤康行

日本アイ・ジー・エー

はじめに

私の言葉を聞いて、その後の人生が大きく変わったという方がいます。

私のもとには、心の悩みを抱え、日常生活の中もがき苦しんでいる方が相談にやってくるのですが、話が終わるころには前向きになったり、スッキリした表情に変わって帰って行かれるのです。また、私の著書を読んだり講話を聞いたあと、大きな気づきを得たという方も大勢います。その後の毎日の変化や私に対するお礼が書かれた手紙も多数送られてきます。

私のところにやってくる方の悩みは、自分に自信がなく自分が嫌い、生きている意味が感じられず誰にも愛されないと思っている、人が怖く人づきあいが苦手、などさまざまです。そこで私が「悩みや不安は妄想なんですよ」「誰もが愛の塊ですよ」「すべては一つなんです」という話をすると、涙を流される方もいらっしゃいます。悩みが解消され、心から救われたとおっしゃる方もいます。また、私が主宰している真我開発講座を受講して、生まれ変わったようにその後の人生を歩まれる方が大勢いるのです。

言葉には力があります。それは、心にスイッチを入れる力です。

私は、約二〇年前から、人が心の奥に持っている本当の自分（＝真我）を引き出し、人が本当の自分に目覚めるということのお手伝いを行ってきました。その画期的手法が、たった二日間で真我を体感できる「真我開発講座」というセミナーであり、この講座の実践を通して、これまで約五万人の心を変化させてきました。

真我とは、本当の自分であり、宇宙の心、仏の心です。言葉には、その心にスイッチを入れる力があるのです。

私の言葉をぜひ心で読んでください。そして、私の言葉を頭で覚えないで下さい。

私の言葉は、あなたの苦しい時や悩んでいる状況のその時々の心に影響を与える、心を目覚めさせる呼び水的なものです。そして、私がお伝えしたことを日々実践していくのです。実践するために、お伝えした言葉を思い出すのです。そうすれば、あなたは変わっていきます。本当の自分に目覚めるのです。

本書には、私がこの二〇年の間にいろいろな場面で語ってきたことのなかから、心や精神面に関する言葉を収録しています。私のその言葉を一人でも多くの方に届け、そして、みなさんが本当の自分＝真我に出会い、幸せになっていってほしいと願います。

佐藤康行

目次

装丁デザイン／鈴木未都
本文ＤＴＰ／ワークスティーツー

このワンフレーズがあなたの運命を変える　1

本当の自分・心編

幸せの青い鳥は、自分の心の中にいる

幸せ、喜び、自信、愛、楽しい心、嬉しい心は、すべてあなたの中にあるのです。

たとえ、どんな美味しい料理を食べても、味覚が鈍感だったら、それはその人にとっては美味しい料理ではなくなります。あなたが三日間、何も食事をしないでいれば、ご飯と梅干を食べられただけでも、とても美味しく感じるでしょう。すべての幸せはあなたの中にあるのです。

幸せの青い鳥は、いくら外の世界を探し求めてみても見つからないのです。探すのをやめて、疲れた足で帰ってくれば、自分の家にいたことに気づくのです。

あなたの心の中に、あなたの幸せはあるのです。

（『人に好かれる一番いい方法』日新報道・一部再編集）

この世にあるすべてのものが
心でできている

この世にあるすべてのものが心でできている

仏教を勉強している人が、私の話で貫いている本質を「自力本願」ではないか、と質問する人がいる。しかし、宇宙全体から見ると、「他力本願」や「自力本願」という言葉自体がおかしいのである。自分で物事をやるのが自力本願である。神様がやってくれる、仏様がやってくれる、というのが他力本願である。

しかし、宇宙全体から見たら他力も自力も、全部他力本願なのである。「他力」というのは、宇宙の力と言ってもよいのだ。

地球を動かしているのは人間ではない。心臓を動かしているのも人間ではない。ましてや、人間は自分で自分を作れるわけでもない。

根本から見ると、人間が作ったものは一つもないのである。飛行機、車を作っているのは金属だが、これらはもともと全部大地に埋もれていたものである。人間はゴキブリ一匹作れない。そういう意味では、絶対的な普遍の力、宇宙の力というものが他力だったら、すべてが他力といってよいのだ。

また、絶対的な他力は、宇宙意識や神と置き換えてもかまわない。この世にあるすべてのものが心でできている。誰かが心に描いたものが形となって現れてきている。

心というのは二つある。人間の心と宇宙の心である。宇宙の心を神と言ってもいい。

物を作るときは、二つの心が必要なのだ。地球を作ったのは人間ではない。石油や金属を作ったのも人間ではない。すべては宇宙の心、神の心が作(創)った。宇宙の心が作(創)ったさまざまなものを、人間が組み合わせて飛行機や車などを作るのである。

二つの心という観点から見ると、心の全体が見えてくる。宇宙意識は人間と同じような個性をもっているのかと尋ねられたことがある。人間と同じ個性というよりは、人間はもともと宇宙の一部として存在しているのだから、人間は宇宙意識そのものである、と言った方がいいと思う。自分でさまざまなことを創造するのは、人間の頭だから、もともと宇宙意識と人間の意識とは同じなのだ。

全部、宇宙そのものなのだ。それを全部神と言ってもいい。

しかし、私たち人間は本来もっている宇宙意識を使わずに、人間の頭ですべての物事を考えるために、宇宙の心とズレが生じてきた。

宇宙の心は別名「愛」である。絶対法則が、愛であると言ってもよいであろう。

この世にあるすべてのものが心でできている

この完全な心と私たち人間の心との間にズレがあるのだ。

キリスト教で、片方を「神の子」と言い、もう片方を「罪の子」と言う。簡単に言うと、「神の子」とは、人間は神、イコール愛であり宇宙の法則である、ということを自覚することだ。

人間は神なのだ。私は「真我」といっている。

本当の自分、神そのものの自分、仏心と言ってもいい。それに目覚めるということである。

私たちは本来の心があるのに、本来の使命があるのにそれを自覚しようとしないで、自分勝手にやってしまう。これを罪という。

真我に目覚めることが、これからの人間にとって最も大切なことなのである。

（『生き方教室』日新報道）

すべては一つ

真我に目覚めると、一瞬ですべての視点から物事を見ることができます。完全なる真実を見ることができるのです。

神の目は、私たちの感覚器官などを超越した真実の目だからです。

神の目で見れば、宇宙のすべてが一つの命、一つの法則でできているという真実に気がつきます。

地球の自転リズム、海の満潮干潮のリズム、人間の心臓の鼓動、すべて一つのリズムで動いています。

中国の荘子は、宇宙にあるすべてのものは一つであると言いました。草や木、石も含めすべて一つです。

アポロの乗組員だったラッセル・シュワイカート氏は、宇宙空間で地球を眺めているときに、突然、「生きとし生けるものは一つなのだ」と一瞬のうちにわかったと言っています。

そう感じる心がもともと彼の中にあったから、それが出たのです。あとから、作られたものは一瞬のうちには出てきません。もともと内在しているから、一瞬のうちに表面化したわけです。ですから、不思議なことではないのです。

千葉県在住の井上真奈美さんのご主人は、心臓の痛みに襲われ苦しんでいました。ご主人のお父さんが心臓病で亡くなっていたので、遺伝だから早く病院に連れて行かなくてはと周りは心配していました。ところが、それは遺伝ではありませんでした。彼女がお義母さんのことを嫌っていたため、ご主人はずっと二人の間で苦しんでいたのです。それが心臓の痛みとして現れていたのでした。

ですから、彼女が「真我」に目覚め、お義母さんのことが好きになったら、ご主人の心臓の痛みもピタリと治ってしまったのです。

彼女は、ご主人やお義母さんと、深いところまでつながっていたのです。

とにかく、一刻も早く「真我」に目覚めることです。真我とは、外から与えられる知識ではありません。すべての人に、もともと内在する、「愛」であり、「神」なのです。

真我に目覚めることによって、すべては一つであり、全体であり、調和であることと、そして宇宙は一つであることが悟れます。

外から入る知識ではなく、もともと誰にでもある「宇宙の心、愛の心」に目覚めればいいだけなのです。

ですから、ただそれに気づいて、魂の底から湧き上がってくる本当の自分の素晴らしさ・尊さ・感謝の心に目覚めればいいだけのことです。

もともと自分の中にあるものに目覚め、気づけばいいのです。

悟りを求めて、何十年も厳しい修行をして苦労することはありません。

真理は極めて単純明快なのです。人間にもともと備わっている本当の自分に一瞬にして目覚める。それだけで、人それぞれが生きる目的や意味、生まれてきた価値や使命、人の世の本当の姿に気づきます。

「真我」に目覚めることが、人間にとって最も大切なことなのです。

自分の中に神や仏がいるということを自覚し、自分の足で立ち、自立して、そして与える心をもつことが大事なのです。

（『なぜ人は神頼みするのか?』ハギジン出版）

もともと一つ

もともと一つ

人間は一人一人、独立した個体として存在していますが、意識の上ではつながっています。あなたとあなたの周りの人たちとは、深いところでつながっているのです。

「もともと一つ」だということに気がつけば、ものの見方が大きく変わってきます。

システムエンジニアとして働くK・Iさんという四十代の男性は、こんなことを話してくれました。

「最近、同僚たちと世間話をするときに、ボクなりに彼らに伝えているんですよ、いろんなことを。物質的なものをいくらためても仕方ないよ。死んだらそんなものは何も残らないんだから……。一番大事なものを知らないと、人生の中で大きなロスをするよ、と。今は人生での残り時間がほとんどないという意識を毎日持っています。残念だけど制限があるからこそ、今この瞬間の価値が出てくるんだと思います。神様はよく作っていると思います。周りから最近よく言われるのは、『あなたは誰とでもつきあえる人なんですね』ということです。会社でも、みんなから嫌われている人がいますが、その人とでも普通につきあえるんです。嫌いな人がいなくなったという感じです。いいところを見ていくと、誰でもいいところはいっぱいありますしね。表面上は違っても、みんな同じ。つっぱったりしても、みんな心の中では同じ。最初はみんな一つ。一心同体。体が物理的に分かれているように見えるだけで、みんな影響しあっている。一つのものだと思えるんです。自分と他人との区別をしなくなりました」

教育プログラムの販売の仕事をしているAさんは言います。

「自分とお客様の差がなくなりました。壁がなくなるという感じですね。自他一体感を感じています」

私たちは皆、真我というものを自覚することができます。本当の自分です。そして、そのことに気づいた瞬間に「実は私たちはみんな一つなんだ」ということを直観で知る人が多いのです。

（『人生の急所』ハギジン出版）

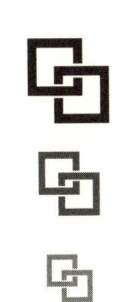

神はあなたの中にある

たとえ一生懸命信仰しても、そのことで運が良くなるとは限りません。信仰といっても、何を信仰するかが問題なのです。

日本だけで、宗教団体は、一説によると十八万もあると言われています。仏像やお札のような、モノを信仰する人がいます。しかし、仏像やお札が、自分に何かをしてくれる力がある訳ではありません。仏像は溶かせば真鋳です。木像なら灰になるだけです。

例えば、目の前に食べ物があったとして、それを口に入れようとどれだけ一生懸命拝んでみても、いつまで経っても口には入りません。自らが手を差し伸べなければ、いつまで経っても口には入らないのです。

外的なものを信仰しているから、運命が良くならないとも言えるのです。信仰というのは、自分の中にある神の心、仏の心を信仰するのです。そして、自分の中にある神の心、仏の心を引き出していくのです。そうすることによって、あなたの人生は根本的に変わることができるのです。外にあるものが自分を変えるのではなく、内にある本当の自分が自分を変えることができるのです。

仏像を拝んではいけないわけではありません。仏像に手を合わせることによって、お釈迦様のような優しいありがたい顔が自分の心に共鳴して、自らの仏の心が引き出されていけばいいのです。そのことによって、人にいい影響を与えることができればいいのです。そうすれば、運命も変わっていくのです。しかし、あくまでも全部、自分の内的な心が変化することによって、運命が変わってくるということを忘れてはいけないのです。

信仰によって運命をよくする方法は、外的なものではなく、内的なものを信仰の対象にすることなのです。外的なものを信仰の対象にしていたのでは、運は良くなりません。なぜならば、甘えが出てくるからです。外的なものが自分に何かをしてくれるんじゃないか、という気持ちが甘えになり、ますます自分のエネルギーが弱まるのです。

形のあるものを信仰して、ますます貧乏になる人がたくさんいます。そのことによって、逆にいつも怯えている人がたくさんいます。それは、形あるものに手を合わせて拝んでいれば、良くしてくれるんじゃないかという他力本願的な甘い気持ちがあるからです。自分の力を引き出していって、自ら運命は切り開いていかなければなりません。自分以外の力で、何かをやってもらおうという甘い気持ちが、ますます運命を悪くしてしまうのです。

依存をする心が、逆に運を逃がしていくのです。他人に依存するという意味での他力では、運命は良くなりません。自力といっても、自分の我の自力でも良くなりません。

真我の自力になったときに、それを絶対他力と言って、己を越した宇宙の力が働くのです。その力は、自分の中に内在しているのです。その力を頼ったときに、あなたは今から運命が変わることができるのです。

親鸞さんが、「即身成仏」と説きました。「この身このままで、あなたは救われていますよ」ということです。

もう既にあなたは救われているのです。南無妙法蓮華経というのは、このカルマの中で蓮の花が咲いているということです。蓮の花が、どんなに世の中が泥沼に紛れていても、本当の自分は光り輝いていますよということです。その力を使うのです。それが絶対他力です。愛の力、宇宙力といってもいいのです。

神はあなたの中にあるのです。あなた自身の心の奥にあるのです。それを引き出すことによって、あなたの運命は今からでも変わるのです。全部心の中にあるのです。

偶像崇拝をすると、どうしても人間はモノを崇拝するようになってしまうのです。後から崇拝する対象が自分自身の心に変化する人は、滅多にいないのです。むしろ、偶像をますます信仰してしまうのです。

日本では昔、神様に鏡を置いていることがありました。それは、「神はあなたですよ」という意味なのです。

拝むのはいいのですが、仏像やモノはあなたを助けてくれる力はないのです。拝むことによって、ありがたいという心や喜びが湧き上がってきたり、心が浄化されていったりというのは、あくまでもあなたの心で起きることなのです。

宇宙飛行士が、宇宙から地球を見たときに心が一瞬の内に清まった人もいますし、山に登って頂上から景色を見たときに、心が清まったり、今までの悩みが消えていったりすることもあります。

モノが自分の心にきっかけは与えますが、全く影響を受けない人もいるのです。モノには、自分を変える力はないのです。自分の心が、そのことによって変化したときに起きる力なのです。

時には、小さな花を見てその花によって生まれ変わる人もいるのです。外的なものは、心を変化させるきっかけに過ぎないのです。


（『最強運』日新報道）

人は、常に何かに頼って生きているものです。

多くの人は、その中でも神や仏に頼って生きています。何かあるたびに、「神様助けて下さい」、「仏様お願いします」と手を合わせて、神仏にお願いをします。

では、本当にどこかに神様や仏様がいるのでしょうか？

一度、神様にお願いして、体を動かさずに目の前のコップに入った水を飲んでみて下さい。どんなに素晴らしい神様にお願いしても、いつまで経ってもその水はあなたの口には入らないことでしょう。どんなに素晴らしい仏像を拝んでみても、やっぱり一向にその水を飲むことはできないでしょう。しかし、あなたがコップに手をさしのべさえすれば、簡単にその水を飲むことができます。

どんな仏像も、所詮は人間が作ったものに過ぎません。しかし、人間を作ったのは人間ではありません。

あなたの心臓は誰が動かしているのでしょうか？

あなたの肺は誰が動かしているのでしょうか？

最新のコンピュータでも遠く及ばないあなたの頭脳は誰がコントロールしているのでしょうか？

海の波と私たちの心臓は、同じリズムで動いています。私たちの体は、大自然のリズムそのものなのです。私たち自身が大自然であり、大宇宙そのものなのです。神や仏は、どこか遠い所にいるのではなく、私たち自身の中にいるのです。私たちは、そろそろその事実を認識しなければなりません。そのことを知れば、本当の自信が湧いてきます。そして、コンプレックスがなくなり、自分を人と比べる必要性もなくなります。

（『人に好かれる一番いい方法』日新報道）

天国と地獄はすべて心の世界にある

死後の世界に、天国と地獄があるといわれています。臨死体験をした人が、「天国に行ってきた」「地獄に行ってきた」ということを話されていることもありますが、私は天国と地獄は、すべて心の世界に存在していると捉えています。決して肉体が消滅した死後に行く世界だけではなく、むしろ「この世の出来事」であるのではないかと思います。

地獄については、キリスト教では「神の言葉に反発し、罪を悔い改めない者が永遠に罰を受ける世界」といわれています。また、天国は「善き行いをした者が赴く世界」といわれています。一言でいうと、地獄は修羅や分離の世界であり、天国は大調和の世界です。私たちは、日々生きていながら、心の状態によって天国にも地獄にも行っているのです。

天国とは真我の世界です。地獄とは業・カルマの世界です。真我がもともと本来の姿ですから、天国は私たちの中にあるのです。すべてが心の世界です。過去の記憶に縛られ、その記憶を地獄だと思ったら地獄の世界を選んだことになります。しかし、真我を体感し真我である自分が本来の自分であると思えば、天国の世界を選んだことになります。地獄と天国は内なる心の世界にあり、外の世界に存在するものではありません。また、死後のみにたどり着く世界でもありません。

しかし、本当は天国しか存在しないのです。なぜならば、誰もが内なる神の心を持っているからです。そこには地獄は存在せず、たとえ業・カルマがあったとしても一瞬にして消えてしまうのです。しかし、私たちは、何かに遭遇すると、なかなかそうは思えないものです。知らず知らずのうちに現象に囚われて、天国よりも地獄を選んでしまいます。自分にとって苦しみや悲しみの度合いが、強烈であればあるほど、その現象に引っ張られてしまうものです。

借金を抱えたり、会社の経営が苦しくなったりすることで、自分の生活が苦しくなったりすると、天国の実感は自然に消えてしまうものです。しかし、本当はその出来事が起こった段階では何も問題は起きていないのです。その出来事を、自分の心の中で受け止めたときに、問題がはじめて発生するのです。

自分の本来の姿は愛そのものであり、大宇宙であり、真我であるのだから天国であるという強い確信を持つことができるのならば、その状況に囚われることないでしょう。そして、あなたは物事を良い方向にしっかり対処できるようになります。自分は天国にいるのだ、天国しか存在しないのだという確信が強ければ、最悪と思われる状況を一瞬で変えることさえできるのです。自分が光になって対処していけば、状況である闇は消えてしまうのです。どんな悪人があなたを陥れようとしても、善人に変えてしまうこともできるのです。真我の世界は、それほどまでに強力な力をもっているのです。

（『飛神』日本アイ・ジー・エー）

目の前に起きる現象は
映画館のスクリーンに映し出された
映像のようなもの
フィルムにあたるのが私たちの心

目の前に起きる現象は
映画館のスクリーンに映し出された映像のようなもの
フィルムにあたるのが私たちの心

今、あなたの目の前に一見して人相の悪い男性が現れたら、あなたはどう思いますか？「この人は怖い人かもしれない」と思うかもしれません。しかし、あなたが日ごろからその男性のことをよく知っていて、彼はとても気の優しい、良い人だということがわかっていたら、怖い人だとは思わないでしょう。

非常にシンプルな法則ですが、私たちは日常、人を判断するときに自分の価値観でしか見ることができないのです。つまり、その人の真実がそこに存在しているのではなく、その人をそのように見て、評価している自分の心が存在しているだけなのです。

過去、犬に咬まれて怪我をした経験があれば、たとえ犬が鎖につながれていても、恐怖心を抱く人は存在します。それとは反対に、犬好きの人は、かわいいと感じて近づいていって飼い主に名前を聞いたり、さらに犬に話しかけたりもするでしょう。

このように、同じ出来事、同じ現象を見ているはずなのに、人それぞれで見えている世界も違えば、それに対する反応もまったく正反対なのです。このようなことはあらゆる出来事において成り立ちます。

つまり、あなたの外で起きている出来事には、固定化された答えはないのです。その答えは、あなたの心が決めているにすぎません。そして、どんな出来事であれ、嫌な気持ちや、人を責める気持ちになるとしたら、そう思う自分の心が現象面に映し出されているだけなのです。

その逆も然りです。出来事それ自体には、あなたを悩ませたり、苦しませたりする力は本来存在しないのです。

存在するのは、出来事を苦しい、悲しい、辛いと感じるあなたの心があるだけです。

私たちの目の前に起きる現象は映画館のスクリーンに映し出された映像のようなものです。そして、フィルムにあたるのが、私たちの心なのです。

そう捉えてみると、あなたが今仮に、恐怖・心配・不安に悩まされ、どうしていいかわからない苦境にあるとしても、それは外界の出来事のせいではなく、あなたの心に苦しいと反応している何かをもっているともいえます。

目の前に起きる現象は
映画館のスクリーンに映し出された映像のようなもの
フィルムにあたるのが私たちの心

その出来事を「苦しい」と捉えている、何かの原因が存在しているのです。

（『飛神』日本アイ・ジー・エー）

五感の認識だけでは真実は見えない

五感の認識だけでは真実は見えない

私たちは、毎日さまざまなものを目にします。出来事やものに数多く遭遇します。自分にとって良いと思われる出来事もあれば、当然悪いと思われる出来事もあるでしょう。しかし、一度冷静な視点に立ってみたとき、果たしてこの目で見ているものはすべて正しく捉えていると言えるでしょうか。

例えば、あなたの掌を顕微鏡で見ると仮定します。当然、肉眼に映る掌とはまったく違ったものが見えるはずです。また、レンズの倍数によって見えてくるものも変わってきます。一万倍のレンズを通して見た掌と、百万倍のレンズを通して見た掌はまったく違って見えます。

この事実には大切なポイントがあります。それは、自分の目に映るものが無数の形として存在しているということです。もし、それぞれに見えるものを正しいと捉えたとすれば、全部正しいともいえるでしょう。

日常私たちの肉眼で見ているものは、ほんの一つの視点から見えているものに過ぎません。物事の本質、つまり真実を見ようとするならば、肉眼だけでは絶対に見ることができないのです。肉眼だけに限らず、私たち人間の五感はみな微妙に違い、見る人が違えば、同じものでも違って見えます。

感覚器官だけではなく、私たちの捉え方、価値観も一人一人みな違います。それは、もって生まれた遺伝子、育ってきた環境、過去に出会った人々、今日に至るまでの経験などが一人一人異なるからです。誰一人として同じ記憶をもっていないのです。そして、そのそれぞれが記憶という独自のフィルターを通して物事を見るために、ものの見方が全員バラバラです。

例えばあなたを一〇人の人が見れば、一〇人それぞれのあなたに対する評価は異なります。同じ人間でも見方がまったく違います。人間の感覚器官だけでは、物事の本質や世界の真実の姿を知ることは不可能なのです。

では、結局多くの見方だけが多数存在して、真実など存在しないのでしょうか。真実は確実に存在しているのです。しかしそれは、人間の視点を中心とした小さなものではなく、全体的な視点からみた宇宙の絶対的な法則です。世界の本当の姿といってもよいでしょう。それだけが真実なのです。

そしてそれは、あなたの心の一番内側に確実に存在しています。世界の本当の姿を捉えることのできる絶対的な偉大なる心が存在しているのです。なぜならば、あなたは宇宙の一部であるからです。

（『飛神』日本アイ・ジー・エー）

人間は記憶でできている！

さてここで、「人間は何でできているのか？」ということについて考えてみてください。粘土でできた人形が壊れた時には粘土で修復しますし、鉄でできた人形は鉄で修復します。すべて同じ素材で修復します。もし「人間は何でできているのか？」ということがわかれば、私たちを変えることが可能になのです。

では一体、人間は何でできているのでしょうか？

「人間はほとんどが水分とたんぱく質でできている」、「人間は細胞でできている」、「人間は素粒子でできている」、「人間は遺伝子でできている」……。いろんな意見があるかもしれませんが、いずれも物理的な発想に過ぎません。

実は私は、「人間は記憶でできている」と捉えています。記憶でできていると捉えた時に、さまざまなものが見えてくるのです。そして、記憶でできていると捉えれば、人間を変えることが可能になるのです。

記憶というのは過去のものです。私は昔、講演などに呼ばれると、常々こんなふうに言っていました。

「人生には変えられることと変えられないことがあります。変えられないことは自分の過去と他人です。変えられるのは自分の心構えと自分の未来です。だから、同じ努力をするなら、変えられることをやりましょう！」

ところが、より追究していくと、どうもそうではないということに気がついたのです。「過去は変えられない」のではなく、「過去は変えることができる」のです。そして、過去を変えれば未来も自動的に変わるのです。逆に言えば、未来は過去を変えない限り変えられないのです。

もちろん私たちは、過ぎ去った過去の事実を変えることはできません。しかし、過去の記憶を変えることはできるのです。さまざまな記憶によって形成された自分の性格、心の状態、価値観を変えることはできるのです。

（『脳ミソをぶっ飛ばす新成功哲学!!』日新報道）

人間は過去の記憶でできている！　それはどうしてか……？

それは、過去の記憶がみんな違うからなんです。人間は記憶でできているんです。遺伝子は記憶そのものです。遺伝子の記憶と、前世の記憶が折り重なって人は生まれるといわれています。その後の人生は、親、兄弟、学校の先生、会社の上司、そんな人たちの影響をすべて受けている。全部細胞レベルで覚えているんです。


その眠っている記憶が、人との縁によって蘇ってくるんです。だから、優秀な監督や先生、上司、先輩と出会うことによって、才能が開花したりしますよね。出会いによって変わるんです。

結婚でも、相手を間違えちゃったら、ほとんど自分を出せないで終わっちゃう場合もあるしね。逆に、ものすごく素晴らしくなる場合もある。

いろんな人と触れ合うことによって、自分の中にあるものが引き出されていく。

辛かったこと、悲しかったこと、嬉しかったこと、感謝したこと、騙されたこと、そういった記憶が外の刺激によって自分の中から蘇ってくる。

それは最近の記憶なのか、子どもの記憶なのか、もっと前の遺伝子の記憶なのか、あるいは、前世の記憶なのか、どの記憶なのかはわからないけど、とにかく過去の記憶が蘇ってくる。このことを、業とかカルマとか言います。

とにかく、この業とかカルマを何とかしなきゃならない。これを何とかしないと、どうしてもマイナス的な心が湧いてきてしまうわけです。そうすると、いつまでたっても幸運はやってこない。

宗教の本来の仕事は、この業を大掃除することなんです。でも、実際にはできていませんよね。

いくらよい教えを聞いて、それを頭にインプットしても、業はびくともしませんい。いい教えをどんなに聞いて学んでも、過去の記憶は絶対に消えないからです。

例えば、子どもの頃、親から差別されたり虐待されたと思っていたら、いくら「親孝行しなさい」とか「親には感謝の気持ちをもちなさい」なんて教えられても、その記憶はなくならない。

逆に、教えられれば教えられるほど、親に感謝できない自分に苦しくなってくる。それが自己嫌悪になり、やがては自己処罰をするようになってしまう。よい教えを学べば学ぶほど、生きること、やることなすことが苦しくなってしまうんです。

(『あなたの悩みは一瞬で消せる』ハギジン出版)

私たちは起きながら夢を見ている

私たちは、過去のちょっとした人の言葉や行動を、強い印象としてずっと思い続けていることがあります。それが、自分の観念や思い込みとなって、自分を縛り、人を縛ることがあります。それはちょうど夢を見ているのと同じです。私たちは怖い夢を見て、金縛りにあったり、寝汗をかいたり、悲鳴を上げたり、心臓がドキドキしたりします。しかし、ふとんから飛び起き夢から覚めれば、そんな現実はどこにもなかったことに気がつきます。ところが、現実に私たちは汗をかき、心臓は激しく脈打っているのです。まさに私たちは夢に縛られているといえるのです。

私たちは起きているのですが、寝ているのと同じなのです。既に終わってどこにもない過去のことを、いつまでも持ち越し苦労したり、未来のことをいろいろ心配し過ぎて、取り越し苦労したり、人が自分のことを悪く思っているのではないかと勝手に思い込んでいたり、「あの人がこう言った、あんなことをした」という過去のことをいつまでもいつまでも怨念のように思っていたりするのです。これは夢を見ているのと同じなのです。

私たちは、起きていて寝ているのです。ですから、本当に目を覚ませばいいのです。では起きていて目を覚ますというのはどういうことでしょうか。それは、本当の自分、真我に目覚めるということです。真我に目覚めていった時に、私たちの悩みや、持ち越し苦労、取り越し苦労、いろんな抱えている苦しみが瞬間に消えていくことができるのです。私たちの悩みが、一瞬のうちに消すことができるのです。もし、人を恨んでいたら、逆に心から愛せるようになります。また、悩みや苦しみが病気として現れていたなら、まもなく病気は回復するでしょう。そして、何と楽で自由自在な人生を送ることができるんだということに気づくことができるでしょう。

（『生命の覚醒』日新報道）

物事は反対側から見ると真実が見える

キリスト教で、罪のことを〝人間の浅知恵〟〝禁断の果実〟と言っています。これは、人間の浅知恵で神の心を消してしまうという意味です。ちょうど太陽を雲で隠すように、不完全な眼鏡で完全なものを見るようなものですから、眼鏡が歪んでいたら、真っ直ぐな棒も曲がって見えるはずです。人間の心の中には、完全な心と不完全な心があります。魂は完全ですから、神の心そのものと言えます。しかし人間の心は、それとは逆に迷いやすく、曇りやすく、マイナスの心になることが多くあります。明るく前向きに考えることもありますが、人を恨んだり憎んだりすることもあります。非常に不完全であり、揺れ動いています。その不完全な心を完全な魂から見ると、自分の心が手にとるように見えてくるのです。

恨んだり憎んだり嫉妬したりするのは、実は愛の変形なのです。認められたい、褒めてもらいたい、解ってほしい。しかし、解ってもらえない、認めてもらえない。だから心が歪むのです。これを自分以外の、会社、社会、世の中のすべてに当てはめても同じことが言えます。

昔、この地球は平らで海の向こうは崖になっていると思われていました。いくら地球は丸いと論じても、証拠がなければ平らであることが常識になってしまいます。人間は、自分の目で見た範囲でしか物事を判断しないのです。しかし、それが必ずしも正しいとは限りません。だから、人間は本当の意味で謙虚にならなくてはいけないのです。

謙虚になるには、反対から物事を見る必要があります。社員は社長になってみて初めて、社長の心がわかります。逆もまた然りです。子は親になって初めて、親の心がわかります。会社はお客様になってみて初めてお客様の心がわかり、自分の会社が何を求められているのかがわかるのです。自分の顔も鏡で反対から見ることによって、どこが汚れていたのかがわかるのです。

人間はいつか必ず死ぬんだとわかって初めて、生きることの喜び、時間の尊さ、命の尊さに気づくのです。

このように、物事はすべて反対から見るとよく見えるのです。

（『天運を拓く』日新報道）

清濁合わせ飲めば広い心になる

清濁合わせ飲めば広い心になる

清濁合わせ飲む。

これは短い言葉ですが、奥の深い意味があるのです。

ここにきれいな水があり、もう一方に濁った水があるとします。

しかし、きれいとか、濁っているとかいうのは、あくまでも人間から見たものであって、濁っている水に住む動・植物が存在していることを忘れてはならないのです。私たちから見れば、濁っている水でも、そこに住んでいる動・植物にすれば、こちらの方がきれいな水なのです。

また、濁っていると見えている水も、いろいろなものが混ざり合っているために、汚く見えるだけであって、混ざり合っているもの一粒一粒を捉えてみたら、ひとつも濁っていません。

それぞれがきれいなのです。

自分はこうだと思っていても、全く違う観点から見たら、全く違う見方があるということを認めることです。ですから、清濁合わせ飲む心というのは、すごく大きな心なのです。

相手が間違っていると反発したり、攻撃したりする人は、まだまだ小さな世界の人間なのです。逆に、そういう人は他人に迷惑をかける可能性が大きいのです。自分たちのみが正しいと思い、行動し、人を裁いてばかりいる危険性があります。多くの場合、危険です。なぜ、すべてを包み込むことができないのでしょう。

自分の意見に対して、反対する意見が出たら、感謝すべきなのです。ひとつの物事に対して、違う側面から見たら、そういう見方をする人もいるのだと、教えてくれているのです。これは、何もかも迎合するというのではありません。相手には相手の言い分があるのですから、まずいったんすべてを受け入れて、それから、自分の信念を堂々と主張すればよいのです。こうすれば、相手は心を開きます。相手との間に壁ができません。

童話のひとつに、北風と太陽という話があります。

北風がいくら頑張っても、旅人のコートを脱がすことはできませんが、太陽が暖かい日差しを浴びさせると、旅人は自らコートを脱ぎます。

人間の心も同じです。意見が違うからとか、自分に対して批判的だなどといって、攻撃したり、戦ったりすれば、相手も心を閉ざして、泥仕合ということになるのです。

一歩自分を成長させ、すべてを包み込んで、相手を中から、心から変えてしまうことができる人こそ本当の指導者と呼ばれる人なのです。

清濁合わせ飲む広い心を持ってください。

（『成功と幸福を呼ぶ言葉』絶版）

意識が変われば、モノの見方も変わり、人格までもが変わる

深い心で物事をとらえられるようになると、目に入ってくるものがまるで違って見えてくるものです。

四十代の男性I・Tさんは、大変短気だったそうです。年下の上司から注意されたり、口うるさく言われたりすると、すぐにカーッとなる。仕事以外でも、気に入らないことを言われると、すぐに機嫌を損ねる。

ところが、ある時を境に心の状態がまったく変わりました。会社全体、世の中全体、というように、より大きな視野で物事をとらえられるようになったのです。その結果、若い上司から同じようなことを言われても、まったく腹が立たなくなったのです。そればかりか、この人はこういうふうに考えているのか、この辺りがまだ自分の勉強不足なのかな、などと考えられるようになったのです。

芸術に対する意識が高くなってくると、その素晴らしさに気づかず「大したことがない」と思っていた絵が、素晴らしい絵画と感じられるようになります。ピカソの絵画を見て、「あんな目が横についている絵、どこがいいんだろう」と思っていた人が、芸術的感受性の意識が高くなったために、震えがくるくらい感動する可能性があるのです。以前は花を見ても別に何とも思わなかった人が、意識が高くなった時に、花の一輪一輪が素晴らしく美しく見えることもあるのです。

絵や花そのものに、美しさや素晴らしさがあるのではなく、あなたの心の中に、美しさや素晴らしさを感じる心があるのです。その証拠に、犬や猫は絵を見ても美しいとは思わないでしょう。

意識が変われば、モノの見方も変わり、人格までもが変わるのです。そして、あなたの周囲の人々や出来事までをも、素晴らしく感じることができるのです。

この世がこのままで、この出来事のままで、素晴らしく感じることができるのです。また逆に、苦しいものだと感じることもできるのです。どのように受け止めることができるかは、あなたの心次第なのです。

（『人生の急所』ハギジン出版）

事実とは関係なく、
幸せと思える心があれば幸せ、
不幸せと思えば不幸せ

事実とは関係なく、
幸せと思える心があれば幸せ、
不幸せと思えば不幸せ

「幸せだ」「不幸せだ」と言いますが、その基準はあるのでしょうか。あなたは基準があると思いますか、それともないと思いますか。

昇進できたら幸せ、左遷やリストラをされたら不幸と思いますか。おそらく、ほぼ全員の方が「当たり前だ」と言うでしょうね。

しかし、こう考えたらどうでしょう。

出世したために会社に縛られてしまった。責任も重くなり、精神的に耐えらないと思ったら？

不幸ですね。逆に、リストラされても、心のスイッチを切り替えて「これでオレの人生、自由になる。新たな挑戦だ」と思ったら？　幸せですね。

ある日突然、ガンを告知されたとします。余命数カ月と言われました。

奇跡的に助かったとしたらどうでしょう。

会社で嫌な仕事ばかりやらされ、上司にも恵まれず、自分は不幸だと思っていたとしても、そんなこと、もう、どうでもいいと思えるんじゃないですか？　それどころか、何て幸せなんだろうと感じるはずです。

今までは、「上司に怒られてばかりで自分はダメな人間だなあ、不幸だなあ」と思っていたとしても、「自分のために言ってくれている」と、ありがたいとさえ思うかもしれません。

余命数カ月でありながら心穏やかに過ごせる人もいれば、地位や名誉や財産の点で人がうらやむほど恵まれていても、苦しみもがいている人もたくさんいます。

事実とは関係なく、幸せと思える心があれば幸せ、不幸せと思えば不幸せなのです。

では、事態が悪化した場合の心の持ち方はどうしたらよいかというと、まず起こり得る最悪の場合を想定して、それをいったん受け入れてしまうことです。

要は、心の持ち方次第です。

幸・不幸は、外にあるのではなく、自分の内側にあるのです。最悪が起こるケースは、滅多にありません。だから、最悪を受け入れた後は、よい結果しか出てきません。全部が幸せになってしまうのです。

（『人生の急所』ハギジン出版）

誰もが愛の塊

私たちの心の一番深い所に、真我という黄金があると思ってください。そして、その上にちょうどゴミが乗っていて、その上にふたをしていると考えてみてください。ふたをするというのは、私たちが頭で考えることです。

では、なぜゴミにふたをするのでしょうか。

みなさんが、会社で文句があった時に、言いたいことを何でも言えるでしょうか。給料を貰っているから、多分言いたいことも抑えると思います。それがふたをするということ、言い換えれば、頭でコントロールをするということです。言いたいけれど言わないようにしています。上司に何でも言いたいことを言っていたら、減給されるかもしれないし、クビになるかもしれません。しかし、その分、酒場に行ってうっぷんを晴らしてしまいます。そうやってゴミを出しているのです。

しかし、なぜ私たちは愚痴や不満を言ったり、妬んだり恨んだりするのでしょうか。それは、みんな人は、愛されたい、認められたい、わかって欲しいからです。最初から愛され、認められ、わかってもらっていれば、酒場で発散しなくても済むのです。

一番深い所にある真我の黄金が出てくる時に、ゴミも一緒に出てきます。それを好転反応と言います。ゴミが出切った時に、黄金が出てくると捉えてください。ゴミが出てくるのは治る前兆です。ですから、出るものはすべて出すのです。

役員付きの運転手をしている多野倉喜美男さん（57・仮名）は、長い間、自己否定の思いにかられていました。そして、愛を強く求め、愛について考え勉強してきました。聖書も全部読みました。また、自己啓発の通信講座も一年間続けました。それでも、何も得るところがありませんでした。そんな彼が、私の所に相談に訪ねて来ました。彼の心の奥を掘り下げていくと、今まで長年ふたをしてしまい込んでいたゴミが出てきました。それは、お父さんに対する〝いくらまじめにやっても、家族を幸せにしてやれなかったじゃないか〟という思いでした。長い間閉じ込めてきたその思いが、一気に浮き上がってきたのです。その思いが沸き出てきて間もなく、彼は自分の中にある黄金、真我の大きな愛に気づくことができたのです。

「突然、両親からいただいた〝命〟を実感したのです。涙がポロポロ出てきました。恥ずかしいも何もない、感謝の涙でした。ただただ涙が溢れてきたのです。『あった！　私にも愛があった』という感動に襲われました。自分にも愛や優しさがあるはずなのに、自分の行動を省みると、そこには愛が感じられませんでした。お陰様ででも、間違っていたのですね。私にも愛があることを気づかされました。お陰様で本当にすっきりとして気が楽になりました。父親を責める気持ちが、ありがとうという感謝の気持ちへすっかり変わりました。早く両親に会いに行って、この気持ちを伝えたいです！」

その後、彼に大きな変化が生まれました。以前は人間関係を避けていたのですが、こだわりがなくなったら、誰とでも楽に話せるようになりました。周りの人も笑顔で彼に接してくれるようになり、おまけにチップまで頂くようになったのです。

「今までは笑顔がなかったみたいですね。いつも眉間にしわが寄って、怖い顔をしていましたよ。家の中は、トゲのある言葉が飛び交い、とてもギスギスしたものでした。収入の面でも家族に迷惑をかけて苦労させてきました。だからこれからは、本当に家族の愛に応えていきます。私は真我に出会えたおかげで本当に救われました」

彼は、優しく自信に満ちた表情で、私に明るく話してくれました。

（『生命の覚醒』日新報道）

素直が一番

素直というのは、字の通りそのまま〝素の心〟と読みます。素の心とは、魂の心をそのまま出すことを言います。類は類を呼ぶように、素直な心というのは、相手の中に眠っている素直な心を呼び覚ますことができるのです。ですから、素直な心で物事を行っている人は常に明るい心でいられますし、作戦のいらない世界で生きていけるのです。言い換えれば、素直な心で生きるということは、宇宙のシステムの中で生きていくということなのです。素直な人とは、黒いものは黒い、赤いものは赤い、白いものは白いと、ありのままを真っ直ぐに見られる目をもっている人なのです。

また、素直な人は、物事を理解するのに時間がかかりません。頑固な人は、物事の素の状態を自分の考えに変えてしまいますから、本質が見えなくなるのです。だから、いろいろな意味で混乱する可能性があるのです。素直な人は、混乱しているものを真っ直ぐにし、糸を解きほぐしていくことができますから、常に物事の真実、真理からはずれることがありません。したがって、素直な人は人の言葉に迎合したり振り回されたりすることがないのです。

素直というのは、そこに自分の感情が加わらない世界です。もし、誰かに暴言を吐かれ、けなされたとしても、それが真実の場合もありますから、「なるほど、そういうふうに私を見る人もいるのか」と受け止め、なぜそう言われたのかを考え、それを良い方向に改善していくことに全力投球することができるのですが、素直でない人は、感情的になって腹を立て、自分に教えてくれる意見を悪いこととして受け止めたまま終わらせてしまいますから、せっかくの成長するチャンスを自分で潰してしまうのです。

このように、素直な人は、何事も自分を成長させるための栄養や財産として、プラスに受け止めることができるのですが、素直でない人は、自分で自分の成長を止めてしまうような、マイナス的な受け止め方しかできないのです。

素直とは、常に何があっても人に迎合することだと思う人がいるかも知れませんが、そうではありません。本当の素直とは、物事の真理がわかる心のことを言うのです。

我々が生きていくためには心構えとして大切なことがいろいろありますが、中でも素直な心は一番先に来なければなりません。素直に感謝する、素直に愛する、素直に反省する、素直にやる気を出す、というように。素直というのはすべての入り口なのです。

人間は、歳をとるほど自分の過去の固定観念に縛られ、人を色眼鏡で見ることが多くなってきますから、いつでも素直になれるように心がけて生きていくことが大切なのです。

（『天運を拓く』日新報道）

松下幸之助さんが、晩年、ある記者にインタビューを受けた時に、こんなやりとりがありました。

「会長が今、一番心がけていらっしゃることは何ですか？」

「素直になることですね」

「えっ！　素直じゃないんですか？」

「あきまへんなあ……」

まだまだダメだと言うのです。それほど素直というのは、大事なことだと言っているのです。明るく、前向きに、積極的に、夢を持って、目標を持って、愛と感謝の気持ちで、素直な心で……。

その中のすべての入り口は、素直なのです。素直に前向きになれる。素直に感謝できる。素直に愛せる。すべて最初に素直がつくのです。素直というのは、それほど大事なことなのです。

素直に改善すると言います。何か指摘された時に、「あっ、そうですね」とパッと素直に改善したら、それでおしまいなのです。自分の我を張っていたら、なかなか改善できません。我を張るのは、自分のプライド、見栄、体裁があるからです。そういう感情的なものが邪魔をする場合が多いのです。また、損得も邪魔をします。損得で素直になれないということもあります。

本当に素直になれる人は、すべてを捨てることのできる人です。表面的なものを捨てることのできる人です。素直になれるかどうかは、本物を求める度合いによるのです。心から本物を求めている人は、素直になれます。何かを欲しいと思えば、いろんな人の話を素直に聞こうとします。「別に今のままでいいよ」と言う人は、人の話を聞こうとしません。それよりも、自分が今気分良ければいいのです。

素直になる秘訣は、本物を求める気持ちを強くすることです。

そして、もう一つは、他人の話を聞く方に回ってみることです。受けてみるのです。受けるというのは、素直にならないとできません。相手の話は、素直にならないと本当にはよく聞けません。話すより、聞く方を中心にすれば、より素直になれるのです。

そして、素直になれれば、間違いなく最強運に恵まれた人生を送れるのです。素直がすべての入口なのです。

（『最強運』日新報道）

私は素晴らしいというのが一番謙虚

一般に、「私は大したことはない」というのは謙虚だといわれている。しかし、私はこの言葉は傲慢だと思う。

「私は素晴らしい」というのが、一番謙虚なのだ。逆さまなのである。

例えば、ここに車があるとする。「この車は素晴らしい」と言ったとき、この車自体を褒めたのではなく、車を作った人を褒めた事になる。

では、自分を作った人は誰か。自分ではない。両親を通して、宇宙が自分の体を作ったのだ。ということは、自分は素晴らしいと認めることは、両親と先祖を含めた宇宙の法則を褒めたことになるのである。

自分は自分であって自分ではない。

自分を素晴らしいと思うことは一番の絶対者である宇宙の法則を褒めたことになるから、謙虚なのだ。大先生を褒めているのだから、傲慢ではなく謙虚なのだ。大先生、宇宙が作った自分を大したことがないというのは、自分を自分の所有物と思い込んでいる傲慢のどうしようもない人間である。しかし、自分を素晴らしいと思っているだけではまだ足りないのである。

あなたも素晴らしい、すべてが素晴らしい、というようになれば良いのである。

宇宙の法則は、自分も周囲の人たちも同じように与えられているのだから、当然同じように素晴らしいということになるのだ。それが人間として本当の謙虚な生き方といえるであろう。

（『生き方教室』日新報道）

自分が正しいと思った瞬間から間違いが始まる

自分が正しいと思った瞬間から間違いが始まる

我々は社会生活の中で、無理やり人を好きになろうとしていることが多々あります。しかし本当は、無理やり人を好きになる必要などないのです。自分を高めていくと、波長が合う人が自然と変わってくるからです。それを無理に合わせようとすると体のリズムまで崩れ、結果的に自分のためにもならなくなります。

そういうことに振り回されないために、深い観点、魂の次元からものを見る、素直な心であるがままを見ることが必要なのです。そこから見ると、嫌いな人などいないのだということに気づくはずです。皆、同じ人間であり、仲間であることを自覚すると、そのことにこだわる必要がなくなりますし、すべての人々を包み込むことができるのです。

私は以前、自分は正しいという観念の強い人間でした、ある時、有名な哲学者の本の中で、「自分が正しいと思った時から間違いが始まる」とい言葉を見つけ、私は愕然としました。自分の欠点はこれだ、と瞬間的に感じました。自分が正しいと思うことは、同時に、相手が間違っていると決めつけることになりますから、相手を受け入れるという豊かな心、大きな心が失われていくのです。正しいという正義の観念より、人を包む、受け入れる、という大きな愛の心の方が大切なのです。

親鸞上人は、「善人、なおもて救われる。いわんや悪人をや」と言っています。

善人でさえ救われるのに、悪人が救われないわけがない、看守をしている人よりも牢屋に入っている人のほうが救いやすい、というのです。なぜなら、天から見るとどちらも似たようなものだからです。所詮、そのことが大きいか小さいか、バレたかバレなかったかの問題でしかないのです。人を裁くということは、裁く者と裁かれる者に別れ、裁かれる者には反省の機会が与えられますが、裁く者は一生、気づかず自分が正しいと思って人生を送ることになるのです。

まさに、自分が正しいと思った時から間違いが始まるのです。これからの時代は、思想、宗教、国境を越えた大きなものの考え方が必要になってきます。それは宇宙をとり囲む愛の法則から学んでいくしかない、ということに尽きると思います。

（『天運を拓く』日新報道）

心の貧しい人の方が救われる

心の貧しい人の方が救われる

罪人であることを自覚した人は、じつは天国に近いのである。自覚しない人は、天国に遠いのである。ましてや、真我を自覚しないで「私は立派だ」と自惚れている人は、最も天国から離れている。こういう人は、カルマを背負っていることに気づいていないからである。

イエスは、「心の貧しい人は幸いである」、「悲しんでいる人は幸いである」と言っている。「心の貧しい人」とは、自惚れがない人のことである。「悲しんでいる人」とは、間違っていることをわかっている人のことである。悪いことをして、「悪いことをしてしまった」と反省して落ちこんでいる人のことである。逆に、「自分は悪いことなんかしていない」と思って悪いことをしている人間は一番厄介である。いくらでも同じことを繰り返すからである。

親鸞上人も同様のことを「善人尚もて往生す、況や悪人を哉」という表現で諭している。ここでいう善人とはカルマの少ない人、悪人とはカルマの多い人のことを指している。「カルマの少ない人でさえ救われるのに、ましてやカルマの多い人が救われないわけがない」という意味である。つまり、カルマの多い人は必死に救いを求めるから、カルマの少ない「自分はそこそこ幸せだ」などと思っている人よりも、はるかに救いやすいということなのである。キリストと親鸞は非常に似ているところがあるのである。

また、釈迦はこんな例え話をしている。ここに焼け火鉢があったとして、それが熱いことをわかっていて触った人と、わからないで触った人とではどちらが被害が大きいかと。わからないで触った人の方が大やけどをする可能性が高いのである。これは、「私は罪がないまともな人間だ」と思っている人の方が、救いずらいという意味である。「私にはこんな罪があるんだ」ということをわかっている人は、それほど大やけどはしなくて済むのである。

過去の宗教戦争はみな、「自分たちこそが絶対に正しい」と思っているがゆえに起きたものである。「自分は正しい」という観念を強く持っている人の方が、大きな争いごとを起こしている。しかし、「私は間違っているかも知れない」と謙虚に思える人は、それほど問題を起こしたりはしないのである。

自分には問題がないと思っている人は、本当の真実を知ることはできないが、大きな問題を抱え苦しんでいる人は、真剣になって救いを求めるから、真実を知ることができるのである。

同じように、逆境に置かれている人が、順境にいる人よりも救われやすいのである。会社の倒産や解雇という現実に直面することによって、いままで顧みなかった自分自身を見つめ直すことができ、魂の次元では大きな気づきを得ることができるのである。

逆に、私たちは順風満帆に物事が運んでいるときこそ、最も気をつけなければならない。そういうときには、どうしても傲慢になったり、人を見下したりしてしまいがちである。それでは、真我から見ると、むしろ後退している。現世的な成功と、魂の成長とはまったく正反対ともいえるのである。

私の所にこられて大きな気づきを得る方は、次の二つのタイプである。一つは、現在大きな問題を抱えている方である。そういう方は、その抱えている問題の分だけ大きく気づける可能性が高い。もう一つは、悩みや問題を抱えていなくても、本当の自分の本質は何か、自分とは誰なのか、何のためにこの世に生きているのかということを真剣に求めている方である。そういう方も大きく気づくことができるのである。

逆に、なかなか救いづらい方は、ほどほどに幸せを感じていて、それ以上は深く求めようとしない方である。魂の次元では、そういう方はほとんど進化しないまま人生を終えてしまうことになる。

（『たった2日であなたを神に目覚めさせてみせる』ハギジン出版）

コンプレックスは財産

私は若い頃、コンプレックスの塊りでした。家は貧乏、育ちもよくない、背も高くない、いいのは顔だけ⁉　まあ、それは冗談ですが、本当に情けない男だ、と思ってました。好きな女の子に声を掛けようと思っても、オドオドして声を掛けられず、そのうち、勇気のある友人に彼女をとられてしまったこともありました。私は悔しくて、情けなくて、布団をかぶって泣いたこともあります。

また、私は人前で話をするのがたいへん苦手でした。あるとき、それを知っている友人が、わざわざ私を指名して話をするように仕向けたのです。私は何分間も黙ったまま、ただ顔を真っ赤にして立っているだけでした。「ちくしょう、わざと俺に当てたな」と悔しい思いをして、相手を恨んだこともありました。私はその頃から、人前で自分の意見を正しく言える人間になりたいと心から思っていました。「今に見ていろ、今に見ていろ」という独り言が、当時の私の口癖でした。私にあるのはただ、負けん気だけだったのです。そこで私は自分のコンプレックスを逆にプラスに転じてみようと思い、その努力を始めたのです。

例えば飲みに行くとき、なるべく自分よりハンサムな男と行くようにしていました。ハンサムな男は黙っていてもモテますから、私は当然悔しい思いをします。しかし、それは私の勝手な逆恨みであって、彼が私に何かしたわけではないのです。

その事実を受け入れた上で飲みに行っていると、だんだん悔しいという気が起こらなくなってきました。それより、どこか彼より素晴らしいものを持とう、自分を磨こう、という前向きな気持ちに変わってきたのです。

私流に考えると、コンプレックスというのは実は貴重な財産なのです。ハンサムな男は、現状に困っていませんから、そのままでいいと思い、自己を改善する必要性を感じません。反対に私のような人間は、悔しい、このままでは嫌だ、と思いますから、そこに努力や改善が生まれてくるのです。それが、長い間にどれだけの開きを生み出すことでしょう。そう考えると、コンプレックスこそ大切な財産なるのです。

松下幸之助さんも言っています。「私の家は貧乏でした。学歴もありませんでした。そして病気がちでした。だからこそ、私は成功できたのです。私の家は貧乏だったから、素直にお金が欲しいと思いました。学歴がなかったから、素直に学歴のある人を尊敬できました。病気がちだったから、自分が動かないで人を動かすことを覚えました」と。

まさに、自分自身のコンプレックスは財産なのです。それはちょうど振り子のように、右に振った分だけ左に振れるという原理と同じなのです。不足した分だけ埋めようと努力をしますから、失敗したとしても、その分、成功しようという思いが強くなるのです。

宇宙の法則には、このように不足分を埋めようとする働きがあるのです。ちょうど、地面に穴が開いていると、そこに水が入って埋まるのと同じです。そう考えると、我々のコンプレックスは自分自身を高めるための貴重な財産と言えるのです。

（『天運を拓く』日新報道）

もしも、あなたがコンプレックスやハンディを持っているなら、卑屈になってはいけません。それどころか、コンプレックスやハンディは財産なのです。

コンプレックスやハンディは、不足の心です。宇宙の法則には、不足のところを埋めようという働きがあるのです。ここに穴が開いていれば水や土が入って埋めようとする力が働きます。ハングリー精神というのは、そういうところからきます。

コンプレックスやハンディは、エネルギーそのものなのです。過去の超天才と言われている人は、皆コンプレックスが強かった人です。劣等性だった、家柄がよくない、ハンディキャップがある……。

エジソンは、三〇歳のとき、蓄音機の発明に成功します。

「あなたはなぜ、蓄音機を発明できたのですか」

エジソンはこう答えました。

「私は耳が悪かった。だから、蓄音機を発明できたのです」

耳が悪かったから発明できたとは、一体どういう意味なんでしょう。

彼は、少年の頃からピアノの音に格別の興味を持っていました。しかし、難聴の彼には、どんなに近づいても、その音は微かにしか聞こえません。ある日、自宅のピアノで演奏してもらっていた彼は、頭をピアノに押し付け、その蓋に噛み付きます。彼は感動し、涙を流しました。震えが頭に響き、音としてエジソンに伝わったのです。「音が振動なら、記録できるではないか。それを再生すれば、音が再生できるはずだ」。その時から、エジソンは音の記録と再生に没頭し、ついには蓄音機を作り上げたのです。

ハンディのエネルギーを見事に活用して、発明王と言われるまでになったのです。

エジソンの例からもわかるように、このエネルギーは計り知れないものです。このパワーを生かせば、強運を呼び込むことも可能なのです。

繰り返します。

コンプレックスやハンディは財産です。ものすごいパワーを秘めたエネルギー源なのです。あとは、目標を一つに絞ることです。目標を一つに絞ったとき、そこにエネルギーが集約されます。一つのことに徹底するのです。このエネルギーを、目標遂行のためのパワーにすることです。


（『強運をつかむ人にがす人』日新報道）

いま問題を抱えていたら、
それこそが天国への階段と知る

いま問題を抱えていたら、それこそが天国への階段と知る

問題が何もないときには、それ以上何も求めないため、なかなか意識は上がらない。しかし、問題を抱えていると、それを何とか解決しようとするから、それが契機となって意識が上がっていくのである。

ですから、何らかの問題を抱えていたとしたら、それはアセンション（意識次元の上昇）のための階段になるのである。その意味で、問題があるというのは、大変ありがたいことであり、問題は自分を高めてくれる階段、ステップなのである。

もし親が返済し切れないほどの多額の借金を遺して死んだとしたら、それは本当に負の遺産だといえるだろうか？　世間からの悪評を遺して死んだとしたら、それは本当に負の遺産だといえるだろうか？　じつは、負の遺産こそが、親や先祖が与えてくれた階段である。負の遺産が大きいということは、最初から高い階段をあなたに与えてくれたに等しいのである。

大きい問題を抱えていればいるほど、真剣になって問題を解決しようとするから、その分、自分の意識を高めることができる。それゆえに、難問が山積している

というのは、大変ありがたいことなのである。神はどんな問題でも飛び越えられるだけの力をみんなに与えているのだ。

（『たった2日であなたを神に目覚めさせてみせる』ハギジン出版）

問題の核心に向かえば、
心配は消える

問題の核心に向かえば、心配は消える

仕事は一生懸命やっているけど、仕事が終わって会社を出たら、また心配ごとが浮かんでしまうというのは、解決しなければいけない問題に、正面から取り組んでいないからです。違うことを一生懸命したって、自分の心をごまかしているうちはダメなんです。心配ごとや悩みを抱えているのに、世界情勢の話をしたって、そのときは確かに気は紛れるかもしれないけど、抱えている心配ごとはなくなりませんよね。酒を飲んでワイワイ騒いでも、その間だけは取り越し苦労しなくて済むかもしれないけど、一晩寝て目が覚めたら、また心配しなきゃならないでしょ。スポーツで汗をかいても、スカッとするのはそのときだけで、また我に帰ったら思い出しちゃう。それでは、問題は何も解決しないじゃない。

本当に解決しなければいけないことには、真正面から集中することです。問題の患部に直接向かっていかなければダメ。そうして一心にやれば、ほとんどの心配ごとは消えてなくなるものなんです。その悩んでいることについて、真剣に友人と話し合ったりすれば、それだけでだいぶ楽になるはずですよ。なぜなら、抱えている問題の患部にズバリ触れているからです。

（『あなたの悩みは一瞬で消せる』ハギジン出版）

取り越し苦労は全部妄想に過ぎない
悩みや不安も、極論すれば妄想です

取り越し苦労は全部妄想に過ぎない
悩みや不安も、極論すれば妄想です

私も若い頃、ものすごく取り越し苦労をする人間だったんです。

でも、ある時、公園で鳩が餌を食べているのをじーっと眺めているうちに、ふと思ったんです。

（鳩は、『ああ、昨日アレを食っておけば良かった』なんて後悔してないはずだ。『明日食うためにはどうしたらいいだろう？』なんて悩んでいないはずだ。いま目の前にあることに、ただ一生懸命生きているんだ）


取り越し苦労、持ち越し苦労をするというのは、いまを一生懸命生きていない証拠なんですよ。いま目の前のことを一生懸命やっていたら、取り越し苦労も持ち越し苦労もしないはず、そうでないのは、物事を真剣にやっていないんです。

だって、いま目の前には何も問題はないじゃない。ちゃんと生きてるんですから。ちゃんと物事も考えられるんです。ということは、取り越し苦労というのは、全部妄想を描いているだけなんです。


いま、この一瞬一瞬を一生懸命に生きることです。そうすれば、そんな取り越し苦労する暇がないじゃないですか。そんなこと考える暇がないようにすることですよ。

（『あなたの悩みは一瞬で消せる』ハギジン出版）

生き方を辛くし、人生を暗くしている大きな要素は、不安と心配です。

不安心配症の人は少なくありません。本来、人生は明るく、楽しく、元気に過ごせるものなのに、これらの感情にとらわれることで台無しにされているのです。

では、どうしたらいいでしょうか。

不安も心配も捨ててしまえばいいのです。「そんなことできない。不安や心配のタネはつきないから」。こういう人は不安、心配の正体を知らないのです。

不安も心配も実体などありません。「幽霊の正体見たり枯れ尾花」と言います。幽霊に出会って恐れおののいたが、よくよく見れば何のことはない、枯れたすすきだったというオチです。悩みや不安も極論すれば妄想です。

たとえば、最近仕事で失敗続きだったとします。もしかした、自分はリストラ候補になっているのではないかと考え始めます。「もしかしたらクビになるかも……」。あるいは現在蓄えがない。もうすぐ定年である。老後の生活はどうしようと悩む。「もし年金が減額されたらどうしよう」。これも不安、心配のタネです。不安や心配はすべて憶測の世界です。すべて「～たら」「～れば」の話です。みんな仮定や憶測で暗い気持ちになっているのです。そんな架空の話で暗くなる必要はないのです。どうしても、不安や心配をぬぐえなければ、始めから最悪の事態を想定して受け入れてしまうのも手です。「最悪こうなっても仕方ない」と思うのです。

そうすれば、心配しているほとんどのことは、じつは大したことではないと感じられるはずです。

（『捨てる生き方』ハギジン出版）

取り越し苦労は全部妄想に過ぎない
悩みや不安も、極論すれば妄想です

心のハンドルを握ろう

いつも悩んでいる人というのは、自分の心のハンドルを握っていない人なんです。天は自分の裁量も与えてくれているんです。「ここまでは天の裁量だけど、ここから先は自分で決めなさい」という自由が与えられているんです。

それはどういうことかというと、例えば、いま逆境と思われるような状態にいたとしても、その状態を「これでいいんだ！」と思うこともできるということです。（落ち込んでいるけど、確実に前よりは良くなっている）と思うことだってできるはずなんです。それが心のハンドルを握るということです。

「昨日は楽しいことがあったからルンルンだったのに、今日は変なことを言っちゃって急に落ち込んでしまいました」というのは、ハンドルを握っていない証拠なんです。（あのときのミスも自分にとっては必要なんだ。あの出来事が、自分のいままでの人生の縮図を見せてくれたんだ。ああ、これで勉強になったからよかったんだ！）。そのように意識することもできるんです。それがハンドルを握るということです。

自分自身の心というハンドルを、自分で操作できるようにならないといけないんです。自分のハンドルを持たず、全部を出るに任せてしまうと、フラフラッとして自分を自分でコントロールできなくなってしまいます。
自分で自分の心というハンドルはちゃんと持っていないとね。

落ち込んでしまうと、家族や身近な人をはじめ、周りの人たちに迷惑をかけてしまうじゃない。イチイチ落ち込むんじゃなくて、「これでよかったんだ！」とパッと言えたら、それはまわりの人たちへの愛でもあり、思いやりでもあるんです。「これでよかったんだ！」とまず言ってみる。そうして（これからは、そこに気をつけよう）と思えたら学びになります。全部学びになるんです。だから、何が起こっても「これでよかったんだ！」って言えばいいんです。それが、ハンドルを握るということです。

（『あなたの悩みは一瞬で消せる』ハギジン出版・一部再編集）

自分の意志で、苦難を喜べるようになろうと思えばいいのです。そこから出発です。そんなに難しいことではありません。ただそう思えばいいのです。
そう思うようにするというのは、車のハンドルみたいなものです。車はエンジンが勝手に走らせてくれますが、ハンドルは自分の意志で回します。どの方角に走らせるかは自分の意志で決めるしかないのです。苦しみの方向に進むのも、喜びの方向に進むのも自分の意志で決められるのです。

落ち込んだと思っていることを、喜びに変えようと思えばいいのです。そこから、どんどん気づきがあります。「ああ、こういうことなんだなあ」と。そういう方向に向けなければ、その方向の気づきはありません。「落ち込んだなあ……」と落ち込んだままだと、落ち込んだままの発想しか出てこなくなります。ですから、ハンドルを握って進行方向を切り換えなければならないのです。それは自分の意志でやることです。でもそこには何の労力もいりません。ただそう思えばいいだけです。

「それでも難しい……」

そう言ってしまえば、難しくなってしまいます。難しいと自分が認めたら難しい方向に行ってしまうのです。しかし、ハンドルを回しただけで、そちらの方向に向かって行くということは事実ですから、その事実を知ることです。

現状を否定することとは違います。事実落ち込んでいるのに、「元気だ、元気だ」と言ったら二つの自分が出きてしまいます。「そのことによって自分の力がつくんだ、自分の意識が高まるんだ」と思えば、そのこと自体が喜びに変わるのです。そのことを打ち消すのではなく、そのことはそのこととして認めて、なおかつ、そのことによって自分が成長できるんだと思えばいいのです。

例えば、あなたが会社を倒産させてしまったとします。そうしたらその事実を認めないというわけにはいきません。しかし、事実は事実として直視した上で、同時に、そのことによって初めて人の痛みがわかるようになるし、良い時にはできない経験をしているわけですから、その事実をも認識するということです。そのことによって魂に磨きがかかっているのですから、魂の成長という観点で見るとむしろ倒産と言うのは最大のチャンスでもあるのです。

そのように心と魂の仕組みがわかれば、どんな事態に陥っても、そのことを味わうことができます。全部良いこととして捉えることができるのです。

これはプラス思考とは違います。プラス思考というのは無理やりそう思おうとすることですが、そうではなく、苦しみを味わったら魂に磨きがかかるという事実を知るということです。

私自身もそういう思いをして、いろんなことがわかるようになりました。私がどこかの会社の御曹司で、順風満帆にスイスイと来ていたら、みなさんのことをわかってはあげられなかったでしょう。

そのように捉えると、どんどん良い思いが出てきます。喜びや感謝の心が出てきます。そうなれば、もう良い方向にしか回らなくなるのです。落ち込んでいる状態さえも楽しんでしまえば、もう落ち込みは消えてしまいます。

心の中で二つの心は同居できないのです。喜んでいる心と落ち込んでいる心は同居できません。喜びが出てきたら、落ち込みは消えます。ですから、私は落ち込むことが本当にないのです。何かの難関にぶつかったら、「これでますます深みが増すな」と思えるからです。自分の人生に難関があったら、それを克服できたら、それ以下のことは全部スイスイできるようになってしまうのです。五十キロのバーベルを持てたら、それ以下は全部持てます。それが幅になり余裕になるのです。

これ一つできるだけで、みなさんの人生はガラッと百八十度変わります。

（『成功遺伝子をONにせよ！』日新報道・一部再編集）

小聖は山で悟り、大聖は街で悟る

心の世界を追究していく上で、陥りがちな落とし穴があります。

一般的な「悟り」概念に、山で座禅をしたり、瞑想したり、心の世界の知識を身につけたりといったものがあります。しかし、そうやってさまざまな心を追究するところに出向き、また、何百、何千という心に関する書物を読んだ結果、むしろ、世間から浮いた存在になってしまう人がいるのです。

口では、立派な心の知識を並べ立てても、まったく仕事がない。愛、調和が大事だと知っていながら、夫婦喧嘩が絶えない。座禅や瞑想をしても、借金問題に悩まされ続ける。人間関係はぐちゃぐちゃ……というように、知っていること言っていることと、やっていることのギャップが激しくなってしまうのです。瞑想や、心の知識を身につけるのが悪いのではありません。

しかし、大事なことは実践なのです。

実践を生かすことなのです。

私は、「真我の隣に実践あり」と言っています。

人里離れた山奥で悟ったつもりになっても、それは本当の悟りとは言えません。

街の中でのドロドロとした社会の中で、日常の生活の中で、現実の人間関係の中で、悟りを生かしてこそ本物なのです。

本で心の知識を知っただけで、お給料が上がるのですか。ただ頭を丸めても、日常のごたごたは解決すると思いますか。本当の出家というのは、日常の中で悟りを生かしきることです。実践で使えなければ本当の悟りではないのです。観念の悟りではなく、真我を体感し、その心で実生活のさまざまなことに向かっていくのです。

真我は愛です。ですから、本当に真我に目覚めていったら、愛から出る知恵が自然と湧き出てきます。そして、人に対する思いも、仕事に対する姿勢もすべて変わってきます。その結果、人間関係の問題も、仕事の問題も、そして、健康の問題も、家族の問題も、すべての問題がそこから見事に解決していくのです。真我に目覚めることによって、本当の悟り、実践に役立つ究極の悟りを得ることができるのです。

「小聖は山で悟り、大聖は街で悟る」

という言葉があります。街の中で悟りを得ていくということが、最も大切なことなのです。真我の実践こそが本当の悟りなのです。
（『なぜ人は神頼みをするのか』ハギジン出版）

おわりに

誰もが「幸せになりたい」「成功したい」と望んでいると思います。そしてその望みを叶えようと頑張ると、逆にその望みから遠ざかってしまう、苦しい立場になってしまう人が大勢います。うつ病の患者は、一説には日本国内に一千万人いると言われ、増える一方です。心が侵されてしまっているのです。

私は、あなたの心にスイッチを入れ、心を切り換えてもらうために言葉を発してきたと言っても過言ではありません。言葉には力があります。心にスイッチを入れる力です。言葉には心を変える力があるのです。本書を読んでいただいたあなたであれば、私がお伝えしていることはご理解いただけると確信しています。

あなたの心には、本当の自分＝真我があります。真我を体感したことがないという人にも必ずあります。例外はありません。私が主宰している「真我開発講座」では、たった二日間で真我を体感するという画期的な手法で、うつ状態の方でも見違えるように変わるくらい、多くの方が受講後は明るく前向きになり帰って行かれます。

「本当の自分」を知ることの大切さは、古今東西、多くの先達が説いてきました。孔子のいう「朝に道を聞かば、夕べに死すとも可なり」とは、朝、自分の人生の目的がわかれば、夕方には死んでもよい、ということであり、ソクラテスのいう「汝、自身を知れ」とは、「本当の自分」を知ることが大切なことであると伝えています。

「本当の自分」＝「真我」に出会うことが、最も重要なことなのです。そして、それが幸せ、成功に導かれる唯一の道とも説いているのです。まさにその通りなのです。

孔子やソクラテスは、本当の自分を知ることの大切さを、こうした言葉に残して今日の人々にまで伝えているのです。

時間や空間を超える言葉の力の大きさを知るとともに、本当の自分に目覚め、その道で生きることが、人間にとっての最高の喜び、最も尊いことであることがわかるはずです。

私は、これからも多くの人に真我に目覚めてほしいと願っています。そして、多くの人が幸せになり、成功してほしいと願います。そのために、日々、あなたの心に届く言葉を発していきたいと思っております。

二〇〇八年十一月　佐藤康行

※本書は、佐藤康行のこれまでの著書より文章を引用・抜粋し、加筆・再編集したものです。

たった２日で“ほんとうの自分”に出逢い、現実生活に即、活かせる

『真我開発講座のご案内』

本書で紹介させて頂いた「真我」及び「真我開発講座」について、さらに知りたい方は、下記の方法にてご連絡下さい。著者である**佐藤康行の講話が収録されたＣＤ『真我の覚醒《めざめ》40分／効果的聞き方解説付き）を無料プレゼント**いたします。

入手方法は簡単！
２つのうち、お好きな方法でご請求下さい。

１．ホームページから請求する。
下記URLでアクセスしていただき、ご請求下さい。ＣＤ及び資料を無料で進呈させていただきます。
⇒　http://shinga.com/

２．「心の学校 佐藤義塾（アイ・ジー・エー）」まで直接連絡する。
お電話、FAX、e-mailでも受付しております。「『このワンフレーズがあなたの運命を変える』を読んでCD、資料を希望」とお伝え下さい。

⇒ **FAX：03-3358-8965（24h受付）**
TEL：03-3358-8938（平日10:00～18:00）
e-mail：info@shinga.com
※上記1.2の内容はいずれも同じものですのでご了承下さい。

佐藤 康行（さとう やすゆき）

1951 年北海道美唄市生まれ。
本当の自分「＝真我」を引き出すセミナー「真我開発講座」主宰。
これまで約 20 年にわたり延べ約 5 万人の心の深層を見つめてきた。

10 代後半から化粧品・宝飾品・教材のフルコミッション営業マンとして驚異的な実績を挙げ、20 代でレストランチェーンを創業し全国 70 店舗を展開。直後に「自分の使命は多くの人の真我の目覚めのお手伝い」という天啓のもと「真我開発講座」を編み出し、レストラン経営すべてを人に譲り、全国各地で面談、講演、セミナーを行うとともに「心の学校 佐藤義塾」を設立。
「真我開発講座」は、政財界の著名人から第一線のビジネスマン、家庭の主婦、学生に至るまでこれまで約 5 万人が受講し、心・生活の著しい変化をもたらしている。

著書に、『1 日ひとつ、変えてみる』（三笠書房）、『「遺伝子とサムシング・グレート」は教える』（筑波大学名誉教授村上和雄 共著）『絶対に NO! と言われない「究極のセールス」』（かんき出版）、『ダイヤモンド・セルフ』（日本アイ・ジー・エー）、『あなたの悩みは一瞬で消せる』（ハギジン出版）など 50 数冊を上梓。

★「真我開発講座」専門サイト
http://shinga.com/

このワンフレーズがあなたの運命を変える　1
本当の自分・心編

2008 年 11 月 30 日　第 1 版第 1 刷発行

著　者　佐藤康行
発行者　株式会社日本アイ・ジー・エー
〒 160-0022 東京都新宿区新宿 2-11-2 カーサヴェルデ
電話 03-5312-1450
FAX　03-5269-2870
ホームページ http://www.igajapan.co.jp/
E メール info@igajapan.co.jp
印刷所　シナノ印刷株式会社

ISBN978-4-903546-07-0 C0011

日本アイ・ジー・エー話題の書

飛神

あなたの真我は神そのもの
今この場で神の世界へ飛ぶ

佐藤康行著

神は、あなたの中に存在します
あなたは、神の世界に生きることが
許されているのです

今、あなたの状況がどんなに苦しく、牢獄に閉じ込められているような状態であったとしても、現実生活の中で、あなたは浄土とも天国ともいえる神の世界に生きることができます。そして、その方法を伝えるために執筆されたのが、本書なのです。

一瞬にして幸せの世界へ

飛神するための奥義を記した、佐藤康行渾身の一冊。あなたに気づきを与え、そして幸せになってほしいと願う究極の書。

定価：本体 1500 円＋税